글 유현주

연세대학교 독어독문학과를 졸업하고, 독일 베를린 훔볼트대학교에서 『디지털 매체 시대의 미학 연구』로 박사 학위를 받았습니다. 지금은 연세대학교 독어독문학과에서 현대문학 전공 교수로 일하고 있습니다. 쓴 책으로는 『프리드리히 키틀러』, 『서양의 문자 문명과 매체』, 『텍스트, 하이퍼텍스트, 하이퍼미디어』, 『10대에게 권하는 문자 이야기』 등이 있습니다.

그림 남동완

언제나 두 아이와 함께 즐겁고 신나게 이야기를 나누듯 그림을 그리고 있습니다. 경희대학교에서 디자인을 전공한 후 아이들이 좋아서 문구 디자인 회사에 다녔고, 이제는 아이들을 위한 그림책을 만듭니다. 쓰고 그린 책으로 『완벽한 타이밍』, 『쳇! 두더지한테 아무도 관심 없어』, 『숟가락이면 충분해』 등이 있습니다.

기획 자문 김대식

독일 막스플랑크 뇌 연구소에서 석박사 학위를 받은 뒤 미국 매사추세츠공과대학(MIT)에서 박사 후 과정을 보냈습니다. 지금은 한국과학기술원(KAIST) 전기 및 전자공학부 교수로 일하고 있습니다. 쓴 책으로는 『메타버스 사피엔스』, 『당신의 뇌, 미래의 뇌』, 『그들은 어떻게 세상의 중심이 되었는가』, 『인간을 읽어 내는 과학』 등이 있습니다.

『생각의 탄생』 시리즈

생각의 탄생은 여기저기 흩어져 있는 문명 탄생의 순간들을 주제별로 한데 모아 인류가 어떤 생각들을 떠올리며 발전해 왔는지를 재미있고 알기 쉽게 들려주는 어린이 교양 백과입니다.

『문자와 생활』

인류는 언제부터 문자를 썼을까요? 이 책은 인류가 자신이 한 말이나 다른 사람들과의 대화를 기억하고 기록하는 방법으로서 문자를 발명하고, 이를 오랜 기간 발전시켜 온 과정을 담고 있습니다. 주요한 문자들의 발전 과정부터 지금의 다양한 디지털 매체 속에서의 문자의 역할을 살펴보면, 미래에는 문자가 어떤 놀라운 모습으로 변하게 될지 상상할 수 있을 거예요.

생각이 번쩍, 미래가 반짝!
생각의 탄생
⑤ 문자와 생활

글 **유현주** 그림 **남동완**
기획 자문 **김대식**(KAIST 교수)

아울북

〈생각의 탄생〉을 시작하며…

인간의 뇌는 태어난 후 약 12년 동안 여러 경험을 거치는 '결정적 시기'를 통해 세상을 파악하고 성장해 갑니다. 이 시기의 아이들은 어느 한쪽에 치우치지 않고 다양한 세상을 접할수록 폭넓은 사고를 갖춘 사람으로 자랄 수 있습니다. 〈생각의 탄생〉은 그런 목적으로 기획되었습니다.

아이들의 뇌 성장을 자극하는 주제

한창 자라는 뇌의 신경 세포들은 다양한 자극을 통해 성장합니다. 〈생각의 탄생〉은 아이들의 뇌 발달에 도움이 되는 다양한 문명 관련 주제를 오랜 검토와 고민 끝에 하나하나 정했습니다. 또 하나의 주제 안에서 역사, 문화, 과학, 예술 등 여러 분야의 지식을 융합하여 다양한 자극이 전해지도록 고려했습니다.

인류의 발자취를 따라가며 배우는 생각의 힘

세상의 지식은 서로 연결되어 있습니다. 또 연결된 지식에는 역사가 있습니다. 〈생각의 탄생〉은 연결된 지식의 역사 속에서 누가, 언제, 어떻게 세상에 없던 생각을 떠올렸는지 그 과정을 생생하게 따라갑니다. 아이들은 인류의 생각을 들여다보며 더 나은 미래를 펼칠 상상력을 키울 수 있습니다.

> ❝ 자, 그럼 〈생각의 탄생〉과 함께
> 문명 탄생의 순간들을 찾아
> 즐거운 생각 여행을 떠나 볼까요? ❞

5번째 지식 여행 〈문자와 생활〉

문명의 발달을 이끈 소통의 도구, 문자

여러분이 아끼는 물건을 서랍 안에 넣어 놓았다가 2주 뒤에 다시 꺼낸다고 상상해 봅시다. 다른 사람이 중간에 꺼내지만 않았다면, 물건은 2주 전 그 상태 그대로 서랍 안에 보관되어 있을 겁니다. 하지만 인간의 기억은 다릅니다. 기억을 담당하는 우리의 뇌는 기억을 있는 그대로가 아닌 '요약본' 또는 '제목' 정도로만 보관해 놓습니다. 그래서 현대 뇌과학에서는 '기억한다는 것'을 보관했던 요약본을 바탕으로 그 당시 일을 새롭게 구성하고 해석해 내는 과정이라고 주장합니다.

문자의 발명으로 무엇이 달라졌을까?

인류의 기억이 완벽하지 못하기 때문에 과거에 있었던 일들을 기록할 수 있는 다른 방법이 필요했습니다. 바로 '문자'를 만드는 것이지요. 그럼, 인류의 기억력만 완벽하다면 문자가 필요 없었을까요? 그렇지 않습니다. 문자는 매우 중요한 다른 역할도 합니다. 바로 다른 장소와 시간에 있는 사람과도 '대화'를 가능하게 해 준다는 점입니다.

지구에 있는 수많은 동물들과 인간의 가장 큰 차이는 뭘까요? 바로 '생각'을 할 수 있다는 점입니다. 동물들은 본능과 환경에 따라 행동을 합니다. 하지만 인류는 보고, 듣고, 느끼는 것들을 생각을 통해 정리하고 현명한 판단을 내리려고 노력하지요.

사회적 동물인 인간은 혼자서는 살아남기가 어려웠습니다. 사냥을 더 잘하고, 농사를 더 잘 짓고, 더 멋진 집을 짓기 위해서는 다른 사람들의 도움이 필요했지요. 그런데 문자가 없었던 시대에는 눈앞에 있는 사람들하고만 소통할 수 있었습니다. 문자가 발명된 이후에야 사람들은 비로소 먼 곳에 있는 사람과도 생각을 나누고 공유할 수 있게 되었습니다. 이뿐만 아니라 지금의 우리가 〈홍길동전〉이나 〈토끼전〉 같은 먼 옛날에 쓰인 이야기를 재미있게 읽을 수 있는 것도 문자 덕분입니다. 문자는 이렇게 시간과 공간을 훌쩍 뛰어넘을 수 있는 엄청난 능력을 인류에게 가져다준 것이지요.

챗GPT, 문자를 남긴 사람들의 생각을 물려받다

여러분은 최근에 '챗GPT'라는 인공 지능에 대해 많이 들어 보았을 것입니다. 챗GPT는 처음으로 사람과 대화가 가능한 인공 지능입니다. 어떻게 그런 기계를 만들 수 있었을까요? 바로 지난 수천 년 동안 인류가 남긴 문장을 기계에 입력하고 학습시킨 덕분입니다. 그렇다면 어쩌면 챗GPT는 지난 수천 년 동안 문자를 남긴 모든 이들의 생각을 고스란히 물려받았다고 할 수도 있을 것입니다.

정확하지 않은 사람의 기억을 고쳐 주고, 먼 곳에 있는 사람들과 대화를 나눌 수 있게 해 주고, 또 이제는 인공 지능을 가능하게 해 주는 '문자'. 생각의 탄생 다섯 번째 권인 〈문자와 생활〉을 통해 여러분도 문자의 과거, 현재, 미래에 대해 많은 생각을 해 보았으면 합니다.

김대식, KAIST 전기 및 전자공학부 교수

차례

《생각의 탄생》을 시작하며　4

1. 문자의 탄생　14

- 문자가 뭐야?
- 문자는 왜 만들어졌을까?
- 그림이 문자의 역할을 했다고?
- 설형 문자가 가장 오래된 문자라고?
- 상형 문자를 신성한 것으로 여겼다고?
- 생각 발견　상형 문자를 해독한 샹폴리옹

2. 가장 많이 쓰이는 문자, 알파벳　30

- 알파벳이 뭐야?
- 생각 발견　알파벳의 기원
- '알파벳'이라는 이름이 그리스 문자에서 나왔다고?
- 알파벳이 크리스트교와 함께 퍼졌다고?
- 세계의 문자, 알파벳

3 지금도 쓰는 오래된 문자, 한자 46

- 한자가 뭐야?
-  한자의 탄생
- 최초의 한자는 갑골 문자라고?
- 한자를 쓰는 나라는 어디일까?

4 독창적인 우리의 문자, 한글 60

- 한글이 탄생하게 된 배경은?
-  한글을 발명한 세종 대왕
- 한글이 과학적 원리로 만들어졌다고?
- 한글을 잃어버릴 뻔했다고?

5 인쇄된 문자에서 디지털 코드로 74

- 누구나 문자를 읽고 쓸 수 있게 됐다고?
- 디지털 세계로 들어온 문자
- 디지털 코드도 문자일까?

 설형 문자에서 디지털 코드까지 84

궁금증 상담소 88

손바닥 교과 풀이 90

우리 주변을 둘러봐.
온통 문자로 뒤덮여 있어.

커다란 간판에도,
달리는 버스 옆면에도,
플래카드와 대형 스크린에도 있지.

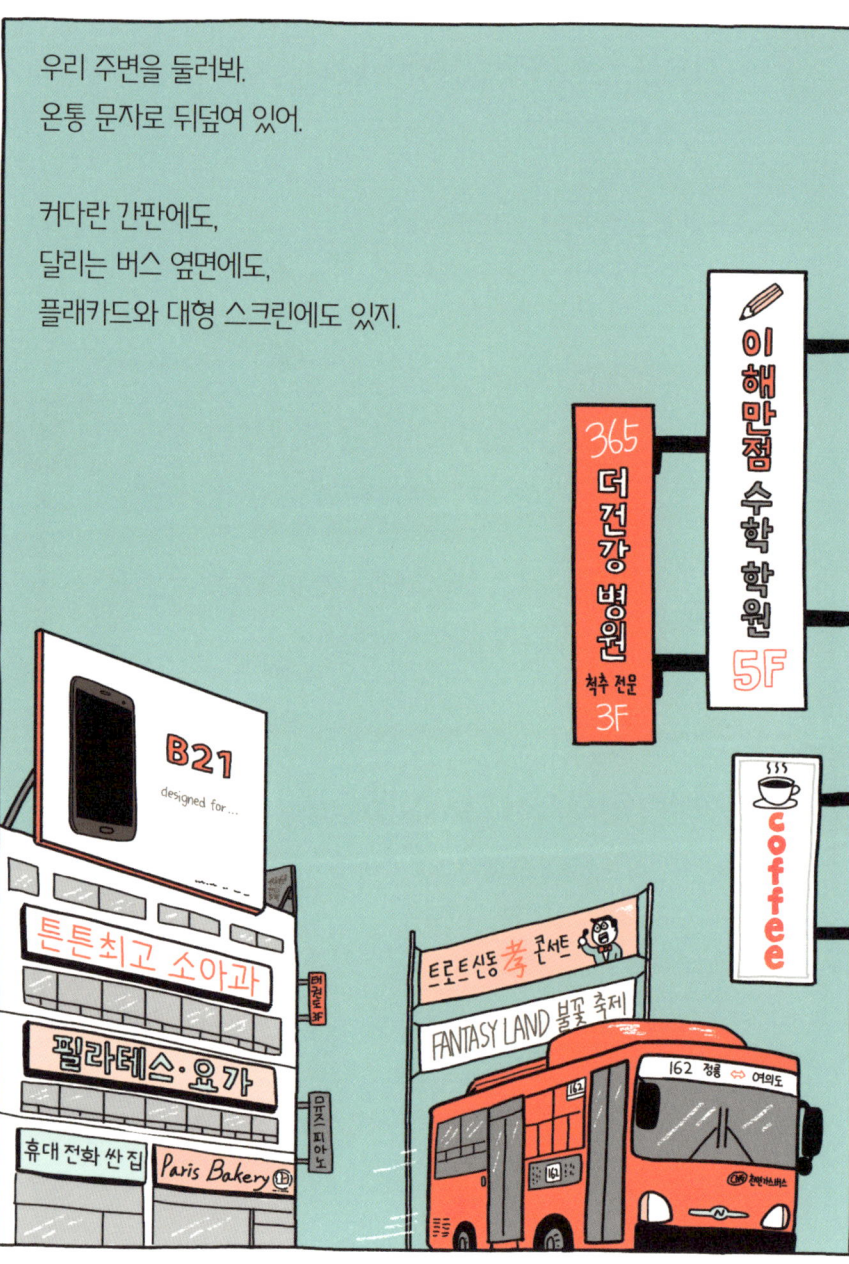

그뿐만이 아니야.
책에서도, 과자 봉지에서도, 칠판에서도,
휴대 전화에서도 문자를 볼 수 있어.

옛날에 어떤 일이 일어났는지,
지식과 학문이 어떻게 발전했는지
우리가 알 수 있는 것도
모두 문자 덕분이야.

그렇지 않아.
문자는 인간이 만든
최고의 발명품이야.

사람들은 문자를
왜 만들었을까?
문자는 왜 이렇게 다양할까?
지금부터 문자가 전해 주는
이야기에 귀 기울여 봐!

1. 문자의 탄생

 우리가 말을 글로 적을 때 사용하는 글자를 문자라고 해. 문자는 인류가 만들어 낸 가장 쓸모 있는 도구 중 하나야. 하지만 세상에 있는 모든 말이 자신만의 문자를 가진 것은 아니야.

 우리나라에서는 '한국어'라는 말을 쓰고, 그 말을 적는 문자로 한국어와 잘 맞는 '한글'을 써. 그래서 마치 모든 말에는 고유의 문자가 있는 것처럼 생각할 수 있어. 하지만 그렇지 않은 경우가 더 많아. 말보다 문자의 종류가 훨씬 적지. 실제 같은 문자를 여러 나라에서 함께 쓰기도 해. 예를 들어 영국, 독일, 프랑스 사람들은 예전에 로마 사람들이 만든 '알파벳' 문자를 공통으로 사용해서 각자의 말을 적고 있어.

문자는 우리의 말과 생각을 기록할 수 있어. 어딘가에 기록된 문자는 오래 남아 있을 수 있고, 먼 곳까지 전달할 수 있지. 만약 문자가 없었다면 인류는 지금처럼 문명을 발전시키지 못했을 거야.

문자는 왜 만들어졌을까?

문자가 없었을 때도 사람들은 자기 생각을 말하고, 서로 이야기도 나누었을 거야. 그런데 말은 입 밖으로 나오자마자 사라져 버려. 서로 어떤 말을 했는지는 이야기를 주고받은 사람밖에 모르지.

게다가 말은 오랫동안 기억하기가 어려워. 또 기억하고 있는 내용이 사람마다 다를 수도 있어. 지금은 스마트폰으로 동영상을 촬영하거나 녹음을 할 수 있지만, 먼 옛날에는 말을 기록하여 남겨 놓을 방법이 없었어. 그러니 말을 주고받은 사람 사이에 여러 가지 문제가 생길 수밖에 없었겠지? 예를 들어, 양을 키우는 사람이 양 세 마리를 이웃 사람에게 빌려주었는데, 이웃 사람이 두 마리만 빌려 갔다고 주장한다면 어떤 일이 일어나겠어? 당연히 다툼이 일어나겠

지. 이런 문제를 해결하기 위해서 옛날 사람들은 일어난 일이나 생각을 남겨 놓는 방법을 찾아야 했어. 맨 먼저 떠오른 방법이 무엇이었을까? 아마도 바위나 동굴 벽 같은 곳에 그림을 그리거나 새겨 놓는 방법이었을 거야.

그림이 문자의 역할을 했다고?

사람들은 생각과 기억을 남겨 놓으려고 그림을 그리고, 그 그림에 특별한 뜻을 담았어. 어떻게 아느냐고? 구석기 사람들이 동굴 벽에 남긴 그림을 보고 알 수 있지. 그중 하나가 1940년대 프랑스에서 발견된 라스코 동굴 벽화야. 이 벽화에는 소 두 마리가 마주 보고 있는 그림을 비롯해 여러 동물이 그려져 있어. 구석기 사람들은 이 동물들을 왜 그렸을까? 동물들을 사냥하게 해 달라는 소망을 그린 것일 수도 있고, 동물들을 사냥한 일을 자랑하고 싶었던 것일지도 모르지. 아니면 그저 멋져서 그린 것일 수도 있고 말이야. 이 그림을 왜 그렸는지는 정확하게 알 수 없지만 소에 대해서 무언가를 기억하고 싶어 했다는 것은 알 수 있어.

시간이 지나 사람들이 한곳에 머물며 농사를 짓기 시작하면서 사건이나 생각을 잊지 않도록 남겨 둬야 할 일이 점점 많아졌어. 그런데 그림으로는 말을 그대로 기록할 수 없고, 복잡하고 긴 생각을 표현하기도 어려웠어. 똑같은 그림을 두고도 보는 사람마다 다르게 이해할 수도 있었지. 그래서 사람들은 사물의 특징을 본뜬 '그림 문자'를 만들었어. 그림 하나에 특정한 뜻을 담은 거지.

설형 문자가 가장 오래된 문자라고?

인류가 만든 최초의 문자는 그림 문자에서 발전했다고 추측해. 처음에는 사물의 모양을 본뜬 형태였지만, 시간이 지날수록 점점 추상화되고 간략해졌어. 메소포타미아에서 발견된 '설형 문자'도 마찬가지야.

설형 문자는 약 5000년 전에 만들어진, 지금까지 발견된 문자 중에서 가장 오래된 문자야. 메소포타미아 지역은 큰 강과 기름진 땅 덕분에 일찍이 사람들이 모여 살게 되면서 큰 마을과 도시를 건설했어. 사람들 사이에 물건을 사고파는 일이 많아지면서 그것을 기록해 둘 필요가 생겼지. 그래서 이 지역에서 문자가 만들어지고 발전할 수 있었을 거야.

　설형 문자는 진흙으로 만든 작고 반질반질한 점토판에 기록했는데, 점토판에는 곡선을 그리기가 어려웠어. 그래서 그리기 쉽게 직선과 세모 모양만 갖춘 문자로 바뀌게 된 거야. 그 모양이 '쐐기(삼각형 모양으로 생긴 공구)'와 닮아서 '쐐기 문자'라고도 해.

　세계 최초의 영웅 이야기인 『길가메시 이야기』, 세계 최초의 법전인 『함무라비 법전』은 모두 설형 문자로 쓰여 있어.

상형 문자를 신성한 것으로 여겼다고?

　메소포타미아와 비슷한 시기에 문명을 꽃피운 이집트에도 문자가 있었어. 이집트 문자도 메소포타미아처럼 사물의 모양을 본뜬 그림에서 시작되었는데, 이런 문자들을 '상형 문자'라고 해. 이집트 사람들은 이 상형 문자를 신이 만들었다고 믿었기 때문에 신성하게 여겼어. 그래서 이집트의 상형 문자를 '신성 문자'라고도 불러.

　상형 문자는 성직자들과 글씨 쓰는 일을 직업으로 삼은 필경사만 읽고 쓸 수 있었어. 필경사들은 국가를 다스리는 데 필요한 글이나 신과 왕을 기리는 글을 파피루스라는 종이에 기록했지. 상형 문자는 굉장히 쓰기 어려웠기 때문에 상형 문자를 쉽게 쓸 수 있는 '신관 문자'와 '민중 문자'가 나왔어.

상형 문자로 쓰인 대표적인 작품으로 『사자의 서』가 있어. 이집트 사람들의 삶과 죽음에 대한 생각을 알 수 있는 귀중한 자료지. 그런데 지금은 사용하지 않는 문자로 적혀 있는 이 작품의 내용을 우리가 어떻게 알 수 있었을까? 그건 바로 상형 문자를 해독하는 데 평생을 바친 샹폴리옹과 같은 고고학자들의 노력 덕분이야.

상형 문자를 해독한 샹폴리옹

1799년, 프랑스의 나폴레옹 군대가 이집트의 로제타라는 마을에 도착해 요새를 지을 때였어.

돌을 구하던 병사가 문자가 새겨진 비석을 발견했어.

응? 저게 뭐지?

분명 중요한 비석일 것 같은데?

이 비석은 발견된 곳의 이름을 따서 '로제타석'이라고 했어.

- 상형 문자
- 민중 문자
- 고대 그리스 문자

로제타석에는 두 종류의 고대 이집트 문자와 고대 그리스 문자가 새겨져 있었어.

2.
가장 많이 쓰이는 문자, 알파벳

원래 알파벳은 소리를 나타내는 자음과 모음을 가진 문자를 통틀어 말해. 그래서 넓게 보면 한글도 알파벳의 한 종류라고 할 수 있어. 우리가 흔히 알파벳이라고 부르는 건 '로마자 알파벳'이야. 로마자 알파벳은 자음 21자와 모음 5자로 이루어져 있는데, 세계에서 가장 널리 쓰이는 문자야.

여러 나라에서 알파벳을 쓰는 까닭은 뭘까? 그건 쉽고 편리하기 때문이야. 설형 문자나 상형 문자로 글을 쓰려면 1000자 정도를 알아야 했어. 이에 비해 알파벳은 26자만 알면 충분했지. 그래서 알파벳을 사용하는 나라의 사람들은 비교적 쉽게 문자를 배우고 익힐 수 있었어.

알파벳을 처음 만든 사람이 누구인지는 정확하게 몰라. 다만 페니키아 사람들이 알파벳과 비슷한 글자를 처음 만들어서 그리스로 전해 주었다는 것만 알려져 있을 뿐이야.

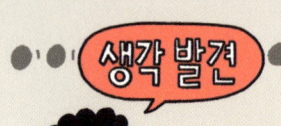

알파벳의 기원

페니키아는 약 3700년 전 지중해 동쪽 바닷가에 있던 도시 국가야.

페니키아 사람들은 배를 타고 지중해를 돌아다니며 무역을 했어.

그러다 보니 물건의 가치와 거래한 내용을 기록할 문자가 꼭 필요했어.

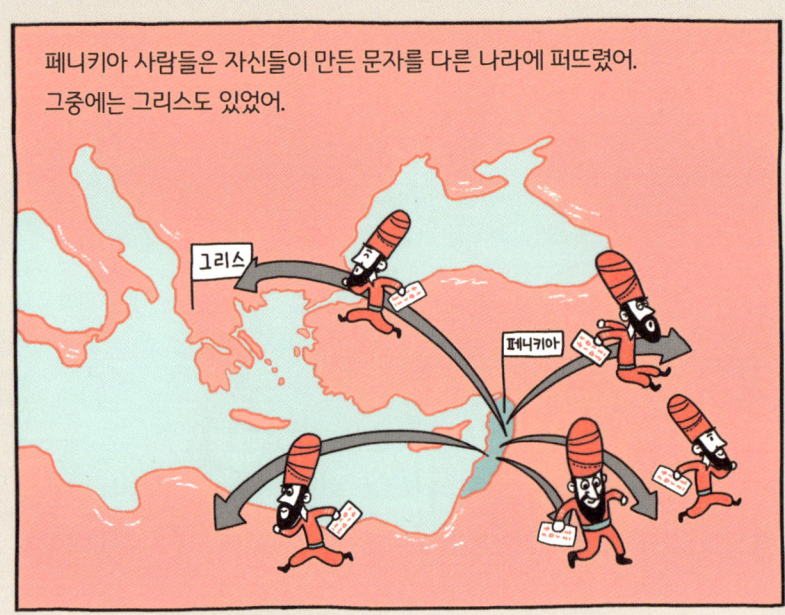

페니키아 문자는 그리스 말을 모두 나타내기가 어려웠어. 그래서 그리스 사람들은 페니키아 문자에 몇 개의 글자를 더 만들고, 필요 없는 글자는 없앴지. 이렇게 해서 지금의 알파벳에 많은 영향을 주게 되는 24자로 이루어진 그리스 문자가 만들어졌어.

'알파벳'이라는 이름은 사실 그리스 문자의 첫 번째 글자인 '알파(Α)'와 두 번째 글자인 '베타(Β)'에서 따왔어. 수학에서 많이 쓰는 기호인 '감마(Γ)', '델타(Δ)', '파이(Π)', '시그마(Σ)', '오메가(Ω)'도 그리스 문자지. 또한 글을 쓸 때 왼쪽에서 오른쪽으로 쓰는 방식도 그리스 사람들이 정한 거야.

그리스 문자가 만들어진 뒤, 그리스에서는 예술, 철학, 정치, 과학

등이 놀라울 정도로 발전했어. 문자의 필요성을 알았기 때문일까? 그리스 사람들도 다른 지역 사람들에게 그리스 문자를 퍼뜨렸어. 그중에는 이탈리아에 자리한 에트루리아도 있었지. 에트루리아 사람들은 그리스 문자를 물려받아 사용했어.

알파벳이 크리스트교와 함께 퍼졌다고?

에트루리아에 이어 이탈리아를 차지한 로마는 에트루리아 문자를 자기네 말에 맞게 고쳤어. 이 문자가 바로 우리가 알고 있는 로마자 알파벳이야. 로마 사람들이 쓴다고 해서 '로마자'라고도 하고, 로마 사람들의 말인 라틴어를 표기해서 '라틴 문자'라고도 해.

당시 로마는 유럽의 중심이었어. '모든 길은 로마로 통한다.'라는 말이 있을 정도였지. 로마는 유럽을 다스리면서 라틴어와 알파벳을 썼어. 그런데 알파벳이 유럽 땅에 널리 퍼진 것은 크리스트교 덕분이야. 로마는 4세기에 크리스트교를 국교로 삼았는데, 크리스트교가 유럽으로 퍼져 나가면서 알파벳도 함께 퍼졌어. 크리스트교의 가르침을 담은 『성서』가 알파벳으로 쓰여 있었거든.

한참 뒤 로마가 멸망하고, 중세 시대가 시작된 뒤에도 알파벳은 계속 이어졌어. 대부분의 유럽 사람들이 크리스트교를 믿었거든. 하지만 중세 시대에도 모든 사람이 알파벳을 쓸 수 있었던 것은 아니야. 귀족이나 수도원의 수도사들 정도만 쓸 줄 알았지.

세계의 문자, 알파벳

　중세를 거쳐 근대로 향하면서 유럽에는 여러 나라가 생겼어. 각 나라에서는 알파벳으로 자기네 말을 표기하기 시작했지. 그런데 라틴어가 아닌 말을 표기하려다 보니 말과 문자가 맞지 않는 부분이 생겼어. 그래서 새로운 글자를 만들거나 자신들의 말에 맞추어 특별한 기호를 덧붙였지. 예를 들면, 독일어에는 '움라우트'라고 하는 점 두 개를 모음 위에 찍은 글자(ä, ö, ü)가 있고, 에스파냐어에는 '틸데'라는 콧소리를 표시하는 글자(ñ)가 있어. 프랑스어에도 모음 위에 강세를 표시하는 '악상'이 있지. 이렇게 해서 나라마다 말이 달라도 모두 알파벳을 사용할 수 있게 되었어.

콜럼버스가 아메리카에 발을 디딘 이후, 알파벳은 유럽을 넘어 다른 대륙으로 퍼지기 시작했어. 유럽 사람들은 남아메리카, 아시아, 아프리카에 식민지를 건설하고 자기들의 말과 알파벳을 강제로 쓰게 했어. 북아메리카 대륙에 건너가 미국을 건설한 유럽 사람들도 마찬가지였지. 유럽 사람들이 다른 나라를 침략하면서 알파벳도 함께 퍼진 거야.

20세기 들어 여러 식민지가 독립을 하면서 새로운 나라가 많이 생겼어. 이들 나라 중에는 자신들의 말에 맞는 문자가 아직 없는 나라도 있었어. 그런 나라들은 독립을 한 뒤에도 그때까지 사용한 알파벳을 공식 문자로 받아들였어. 또 고유한 문자가 있던 나라들도 이미 익숙해진 알파벳을 그대로 쓰는 경우도 있었지. 이런 과정을 통해 알파벳은 가장 많은 나라에서 쓰는 문자가 되었어.

지금 전 세계 사람들이 가장 많이 배우는 말은 영어야. 대부분의 나라에서 첫 번째 외국어로 영어를 가르치고 있지. 영어를 표기하는 문자는 다름 아닌 알파벳이야. 그래서 알파벳이 공식 문자가 아닌 나라에서도 누구나 아는 문자로 자리 잡고 있어.

어때, 이 정도면 알파벳을 '세계에서 가장 널리 쓰이는 문자'라고 부를 만하지?

3. 지금도 쓰는 오래된 문자, 한자

한자는 문자 중에서 제일 오랜 기간 쓰이고 있는 문자야. 약 3300년 전에 만들어져서 지금까지도 쓰고 있지. 물론 한자가 계속 쓰이고 있다고 해서 처음 만들어진 모양 그대로는 아니야. 긴 시간이 지나면서 한자의 모양도 바뀌어 왔어. 또 한자의 개수도 점점 늘어나 지금은 무려 10만 자가 넘는 글자가 있다고 하고, 그중 많이 쓰이는 글자만 해도 3000자 정도가 된다고 해. 하지만 한자가 글자 하나하나에 뜻이 담긴 뜻글자라는 점은 지금껏 바뀌지 않았어.

중국과 가까운 거리에 있는 우리나라도 한자와 관련이 많아. 우리말을 기록할 수 있는 한글이 만들어지기 전까지 한자를 사용했거든. 한글이 만들어진 뒤에도 한동안 한자를 함께 써서 지금까지도 우리말 곳곳에 한자가 많이 남아 있어. 그래서 한자를 알면 우리말을 더 잘 알 수 있게 돼.

한자도 알파벳처럼 누가 처음 만들었는지는 정확하게 몰라. 중국의 옛날 책에 의하면 한자는 '창힐'이라는, 눈이 무려 네 개나 되는 전설 속의 인물이 만들었다고 해.

한자의 탄생

창힐은 중국 고대 전설에 나오는, 황제를 위해 일하는 창고지기였어.

눈이 4개

문자가 없던 때라 창힐은 매듭을 이용해 창고의 물건을 셌어.

곡물 10섬에 매듭 1개를 묶자.

그러던 중, 물건의 개수를 잘못 기록해 쫓겨나게 돼.

너 때문에 큰 손해를 보았노라.

흑

최초의 한자는 갑골 문자라고?

지금까지 알려진 중국에서 가장 오래된 문자는 갑골 문자야. 갑골은 거북의 등딱지나 딱딱한 동물의 뼈를 가리키는 말로, 갑골 문자는 여기에 새긴 글자라는 뜻이야.

갑골 문자는 나라의 중요한 일을 하늘에 물어볼 때 쓰였는데, 이 일을 맡은 관리가 그 결과를 기록했다고 해. 예를 들면, 비가 언제 올 것인지 하늘에 물어보고, 그 결과로 나온 날짜를 기록했어. 실제로 그날 비가 왔다는 내용도 적었지.

갑골 문자의 모양을 보면 무엇을 본떠 만들었는지 어렵지 않게 알 수 있어. 예를 들면, '코끼리'를 나타내는 갑골 문자는 코끼리의 긴 코가 두드러진 모양이야. 누가 봐도 코끼리가 바로 떠오르지. 말이나 새를 나타내는 갑골 문자도 마찬가지야. 각각 말과 새의 특징적인 모양이 글자에 담겨 있어.

오래전에 만들어진 갑골 문자는 금문, 전서, 예서, 해서, 간화자 차례로 발전을 해. '금문'은 갑골 문자보다 간단해. 갑골 문자가 그림 같았다면 금문은 기호에 더 가까워. 금문 다음에 나온 문자는 '전서'야. 전서는 중국 역사에서 가장 유명한 황제인 진시황이 여러 나라로 갈라져 있던 중국을 하나로 만들면서 법으로 정한 문자야. 진시황은 넓은 땅을 다스리려면 문자를 하나로 만들어야 한다고 생각했어. 지역마다 모양이 다른 문자를 사용하고, 또 사람에 따라 문자를 다르게 읽었기 때문이야. 진시황은 누구나 똑같이 쓰고, 읽을 수 있도록 '전서'라는 문자를 법으로 정했단다.

그 뒤에 나온 '예서'는 전서를 더 간략하게 만들어 편리하게 쓰도록 했어. 그리고 예서 뒤에 나온 '해서'가 바로 오늘날 우리가 가장 많이 알고 있는 한자야. 그런데 해서도 쓰기가 불편하다고 생각한 지금의 중국 사람들은 해서를 더 간략하게 만든 '간화자'를 많이 쓰고 있어.

한자의 모습은 어떻게 바뀌었을까?

한자는 처음에는 사물의 모습을 그린 그림 같았지만,
그 뒤로 점점 단순한 모양으로 바뀌어 왔어.

갑골 문자   금문   전서

예서   해서   간화자

한자를 쓰는 나라는 어디일까?

한자는 중국에서만 쓰는 문자는 아니야. 중국과 이웃한 나라 중에는 한자를 가져다가 자기 나라의 말을 표기한 나라도 꽤 있어. 예전의 우리나라를 비롯해 일본, 베트남 등이 그렇지. 각각의 말에 맞는 문자를 더 만들거나 한자의 모양을 고쳐서 쓰기도 했어. 오늘날에는 중국 사람들이 많이 건너가 살고 있는 싱가포르, 말레이시아, 인도네시아 등에서도 한자를 많이 쓰고 있어.

알파벳을 함께 쓰는 유럽처럼, 한자를 함께 쓰는 동아시아 국가들도 서로 비슷한 점이 있어. 오랜 세월 같은 문자를 쓰면서 서로 영향을 주고받았기 때문이야.

뜻글자인 한자는 중국 말을 몰라도 한자의 뜻만 알면 책을 읽고,

서로의 생각을 나눌 수 있어. 문자를 써서 서로의 생각을 주고받는 것을 '필담'이라고 하는데, 한자를 아는 사람들은 서로의 말을 몰라도 필담으로 생각을 주고받을 수 있었다고 해. 그래서 동아시아의 학자들은 유교, 불교를 비롯한 동양의 사상을 함께 발전시킬 수 있었어.

4. 독창적인 우리의 문자, 한글

한글이 탄생하게 된 배경은?

지금 이 책을 읽는 사람 중에 한글을 모르는 사람은 없을 거야. 이 책에 쓰여 있는 글자가 바로 한글이니까 말이야. 한글은 세종 대왕이 만든 매우 과학적이고 체계적인 문자야.

세종 대왕이 한글을 만들기 전에 우리나라에서 사용하던 문자가 없었을까? 그렇지는 않아. 앞서 말했듯이 이웃 나라인 중국에서 만든 한자를 썼지. 하지만 한자는 배우고 쓰기 어려워서 공부를 많이 한 사람들만 쓸 수 있었어. 게다가 한자는 우리말을 기록하는 데 잘 맞지 않았어. 뜻을 전달할 수는 있지만, 우리말을 소리 그대로 기록할 수는 없었기 때문이지.

그래서 한자의 음을 빌려서 우리말을 표기하기도 했어. 그중 '이

두'는 꽤 오랫동안 사용되었지만, 일반 백성들이 배우고 쓰기에는 여전히 힘들었지. 그래서 세종 대왕이 모든 사람이 쉽게 배울 수 있고 우리말에 꼭 맞는 문자인 한글을 발명한 거야.

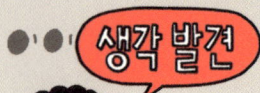

한글을 발명한 세종 대왕

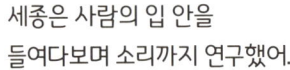

1443년, 세종은 마침내 백성들을 위해 새로운 문자를 만들고 '훈민정음'이라고 했어. 이 훈민정음이 바로 한글이야.

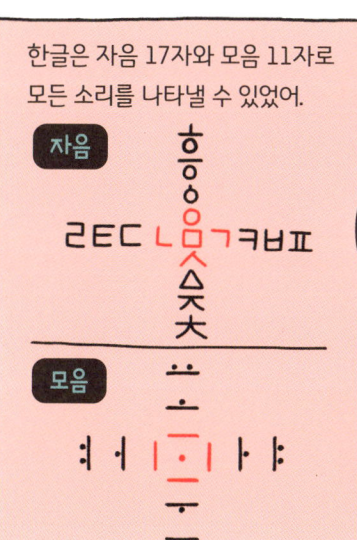

한글은 알파벳처럼 자음과 모음으로 모든 소리를 표기할 수 있는 소리글자야. 한글의 자음은 놀랍게도 소리를 낼 때의 입속 모양을 본떠서 만들었어. 'ㅇ'은 '으' 소리를 낼 때 동그랗게 되는 목구멍을 닮았어. 'ㅅ'은 '스'라고 할 때의 치아 모양이야. 'ㅁ'은 '므' 소리의 입술 모양이고, 'ㄱ'은 '그'라고 할 때의 혀 모양과 비슷해. 또 'ㄴ'은 '느' 소리를 낼 때 혀가 잇몸에 닿는 모습과 닮았지.

한글의 모음은 당시 사람들이 세상 모든 것의 근본이라고 생각했던 '하늘(·)', '땅(ㅡ)', '사람(ㅣ)'을 본떠 만들었어. 그리고 이 세 글자를 기초로 다른 모음 글자를 만들었지. 한글의 글자는 바로 이 자음과 모음을 더해서 만든 거야.

한글은 만들어진 원리와 철학을 알 수 있는, 세계에서 하나밖에 없는 문자야. 이 모든 내용이 한글 창제와 관련된 『훈민정음해례본』에 아주 자세히 설명되어 있어. 『훈민정음해례본』은 그 가치를 인정받아 1997년에 세계 기록 유산으로 지정되었지.

한글을 잃어버릴 뻔했다고?

　세종이 한글을 만들자, 한글을 쓰면 안 된다고 주장하는 학자들이 나타났어. 조선은 예부터 중국의 문화를 따랐고, 오랫동안 한자를 써 왔기 때문에 한글이 필요 없다는 거였어. 또한 이들은 한자처럼 글자마다 뜻이 있어야 진짜 문자라고 생각했어. 그래서 글자에 뜻이 없는 소리글자인 한글은 문자가 아니라고 생각한 거야. 글자의 뜻을 모르는 채 글을 쓰는 건 잘못된 거라고 했지. 게다가 모든

사람이 글자를 쉽게 깨치는 것도 못마땅한 일이었어. 지배층들만 글자를 알아야 백성들을 다스리기 쉽다고 생각했거든. 하지만 이들의 주장과는 달리 점점 더 많은 사람들이 한글을 쓰게 되었어.

 한글이 우리나라의 공식 문자로 인정받은 것은 한글이 창제되고 꽤 오랜 세월이 지난 뒤야. 무려 450여 년이 지난 1894년에 이르러서야 나라에서 한자 대신에 한글을 공식 문서에 쓰기로 한 거지. 한글은 이때부터 우리나라의 공식 문자가 되었지만, 지금처럼 널리 사용되기까지는 좀 더 시간이 흘러야 했어.

전하!
한글 반포는
안 되옵니다!

우리나라를 일본에 빼앗겼던 일제 강점기에 한글을 잃어버릴 뻔한 일이 있었어. 일본이 한글 대신 일본 문자를 배워서 쓰도록 강요했거든. 하지만 한글을 잃어버리지 않도록 많은 사람이 노력을 했어. 그중 주시경과 같은 국어학자들의 노력이 가장 컸지.

주시경과 그 뒤를 이은 제자들은 조선어학회를 만들어서 맞춤법을 정리하고, 표준어를 정했어. 그리고 우리말 사전을 편찬하기 위해 노력을 기울였지. '한글'이라는 이름을 처음 쓴 것도 주시경이야.

어떤 나라의 말과 문자가 인정받으려면 정리된 맞춤법과 문법서, 사전을 갖추어야 해. 이것들이 있어야 많은 사람이 배우고 계속 전해져서 사라지지 않는 말과 문자가 될 수 있거든.

일제 강점기가 끝나고 나서 한글은 다시 우리나라의 공식 문자가 되었어. 지금 한글의 주인은 누구일까? 바로 우리야. 한글이 없는 생활은 상상할 수 없지. 앞으로 한글을 잘 지키고 가꾸는 것도 우리 모두가 해야 할 일이야.

사라진 한글의 자음과 모음

세종 대왕이 한글을 처음 만들었을 때는 있었지만, 지금은 쓰지 않는 글자가 있어.

처음에는 28자였어.

ㄱㅋㆁㄷㅌㄴㅂㅍㅁ
ㅈㅊㅅㅎㆆㅇㄹㅿ·
ㅡㅣㅏㅓㅜㅛㅑㅠㅕ

'·(아래아)'는 다른 글자로 바뀌었고, 'ㆁ(옛이응)'은 'ㅇ(이응)'이 있어서 없어졌지.

아하!

바룸 → 바람
가슴 → 가슴

'ㅿ(반치음)'과 'ㆆ(여린히읗)'은 소리와 글자가 모두 사라졌어.

'메ㅿ리'는 '메아리'로 바뀌었어.

그렇게 해서 지금은 24자만 남은 거야.

자음 ㄱㄴㄷㄹㅁㅂㅅㅇㅈ
ㅊㅋㅌㅍㅎ
모음 ㅏㅑㅓㅕㅗㅛㅜㅠㅡㅣ

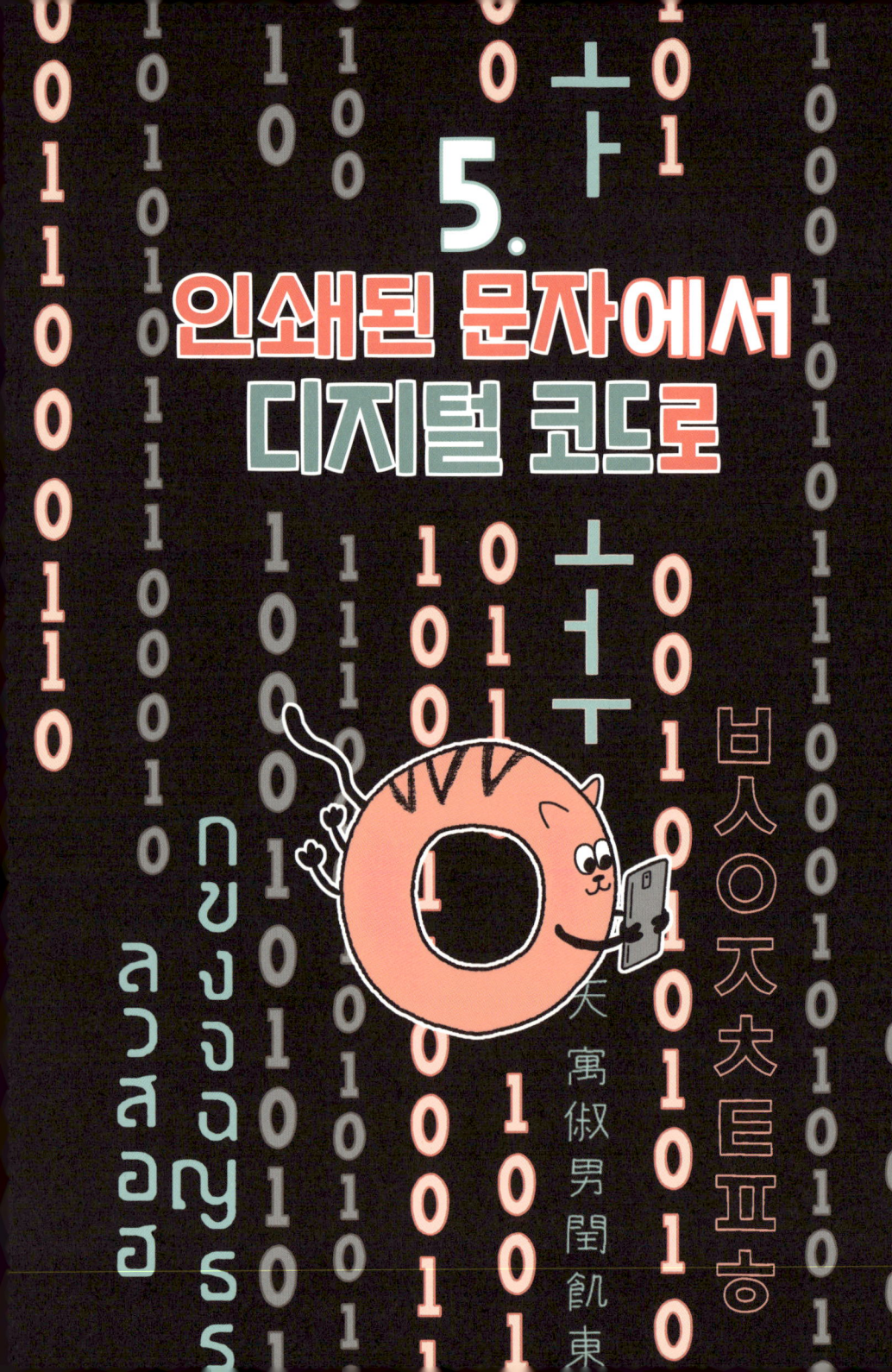

누구나 문자를 읽고 쓸 수 있게 됐다고?

　지금처럼 대부분의 사람들이 문자를 쓰고 읽을 수 있게 된 것은 그리 오래된 일이 아니야. 처음에 문자는 신비하고 어려운 존재였어. 고대 이집트 사람들은 상형 문자를 '신들의 문자'라고 생각해서 문자 그 자체를 숭배했어. 그러니 아무나 함부로 쓸 수 없었지. 한자도 지배층의 문자였고, 알파벳도 오랫동안 귀족과 성직자가 쓰는 문자였어. 하루하루 먹고살기도 힘든 보통 사람들은 문자를 배우고 쓸 일도 많지 않았지.

　중세 시대 유럽에서는 문자를 볼 기회도 적었어. 책이 아주 귀했거든. 중세 시대에는 책을 만들 때 양의 가죽으로 만든 양피지에 사람이 한 자 한 자 직접 손으로 써서 만들었어. 그래서 만드는 데 시간이 오래 걸렸고, 책값도 비쌌지.

　유럽에서 책을 많이 만들기 시작한 건 15세기 이후야. 중국에서 발명한 종이 만드는 방법이 유럽에 들어온 덕분이지. 종이는 가볍고 튼튼해서 글자를 적고 책 만들기에도 좋았어. 게다가 한꺼번에 많이 생산할 수 있어서 값도 비싸지 않았지.

그 뒤로 사람들은 아주 큰 부자가 아니어도 책을 살 수 있게 되었어. 자연스레 책을 가지고 싶어 하는 사람도 점점 많아졌지. 하지만 책을 만드는 건 여전히 시간이 오래 걸리는 일이었어.

그러던 1450년 무렵, 독일의 구텐베르크가 새로운 인쇄술을 발명했어. 금속 활자 즉, 금속으로 알파벳 글자 하나하나를 만든 것을 조합하여 인쇄하는 기술이었어.

구텐베르크의 인쇄술은 잉크를 사용하여 글자를 이전보다 훨씬 빠르게, 또 대량으로 종이에 찍어 낼 수 있었어. 사람이 직접 글자를 쓰는 것과는 비교할 수 없을 정도로 빠르고 정확했지. 그러자 책도 많이 만들 수 있게 되었어. 책값은 더 싸졌고, 사람들은 더 쉽게 책을 가질 수 있게 되었지.

구텐베르크의 인쇄술은 유럽 전체로 빠르게 퍼졌어. 그러면서 책 속에 담긴 문자를 통해 지식과 새로운 생각이 빠르게 퍼져 나갔지.

구텐베르크의 인쇄술

글의 순서에 맞게 금속 활자를 활판에 늘어놓아.

활판을 인쇄기에 놓고 잉크를 발라.

활판 위에 종이를 덮고, 위에서 세게 눌러.

잉크에 젖은 종이를 말려.

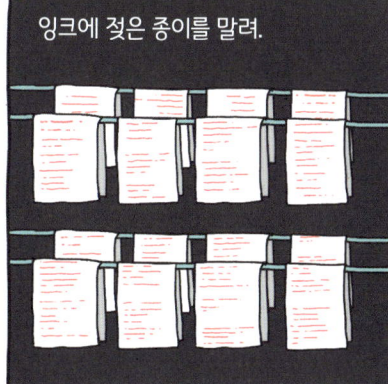

글자가 찍힌 종이를 순서대로 모아서 책을 만들어.

디지털 세계로 들어온 문자

구텐베르크의 인쇄술은 유럽 사회에 엄청난 변화를 불러일으켰어. 점점 더 많은 사람이 문자를 읽고 쓸 수 있게 되면서 몇몇 사람이 정보와 지식을 독차지하던 시대와는 다른 세상을 원하는 사람들이 많아졌지.

이렇게 책을 통해 지식이 널리 퍼져서 사회가 발전하는 시기를 캐나다의 매체학자 매클루언은 '구텐베르크 은하계'라고 불러. 그런데 지금 우리는 다시 이 구텐베르크 은하계를 떠나 새로운 시대로 들어서고 있어. 책보다는 스마트폰이나 컴퓨터 같은 디지털 매체로 다양한 지식이 전달되는 디지털 시대가 시작되었거든.

처음 디지털 매체가 나타났을 때는 머지않아 종이로 된 책이 없어지고 문자도 사라질 거라고 생각하는 사람들이 있었어. 이들은 문자가 지금까지 해 왔던 역할을 '움직이는 그림'인 동영상이 대신할 거라고 보았지. 하지만 디지털 시대가 되어도 문자는 전혀 사라지지 않았어. 여전히 문자는 우리에게 다양한 정보를 제공하고, 또 기록과 저장을 위한 주요한 수단이 되어 주고 있지. 오히려 문자는 새로운 디지털 매체 안에서 더 많이, 더 자주 만나 볼 수 있어.

디지털 코드도 문자일까?

지금과 같은 디지털 시대에는 의미 있는 기호라면 모두 문자라고 해야 한다는 주장도 있어. 그러니까 숫자, 논리 연산의 기호, 과학 공식, 악보 그리고 컴퓨터 프로그램 언어와 코드들도 문자라고 볼 수 있다는 거지. 이런 것은 사람의 말은 아니지만, 수와 연산, 물리 현상, 음악, 알고리즘 같은 의미를 가진 대상을 체계적으로 표시해 준다는 점에서 문자와 비슷하다고 할 수 있어.

문자는 미래에 어떤 모습으로 우리 앞에 나타날까? 아무래도 컴퓨터와 같은 디지털 매체와 관련이 있을 거야. 인공 지능과 같은 첨단 기술도 프로그램 언어와 코드들로 만들어지니까. 어쨌든 확실한 것은 문자는 미래에도 굳건히 지식과 정보를 전달하는 자리를 지키게 될 거라는 거야. 우리가 계속 문자에 관심을 가져야 할 이유이기도 해. 인간은 문자와 함께 미래를 열어 가고 또 계속해서 문자를 통해 세상을 이해하고자 할 테니까.

생각 정리

설형 문자에서 디지털 코드까지

문자가 없었을 때는 바위나 벽에 그림으로 자기 생각을 표현하거나 약속한 것을 표시했어.

세계에서 가장 오래된 문자는 메소포타미아 사람들이 만든 설형 문자라고 알려져 있어.

고대 이집트 사람들이 만든 상형 문자는 오랫동안 해독하지 못했는데, 프랑스의 샹폴리옹이 그 비밀을 풀었어.

페니키아 사람들은 설형 문자와 상형 문자를 참고하여 페니키아 문자를 만들었어. 페니키아 문자는 알파벳을 만드는 데 큰 역할을 했어.

고대 그리스 사람들은 페니키아 문자를 참고하여 문자를 만들었어. 알파벳이라는 이름은 그리스 문자에서 유래했지.

그 뒤 로마 사람들은 그리스가 에트루리아에 전한 문자를 바탕으로 알파벳을 완성하고, 유럽에 퍼뜨렸어.

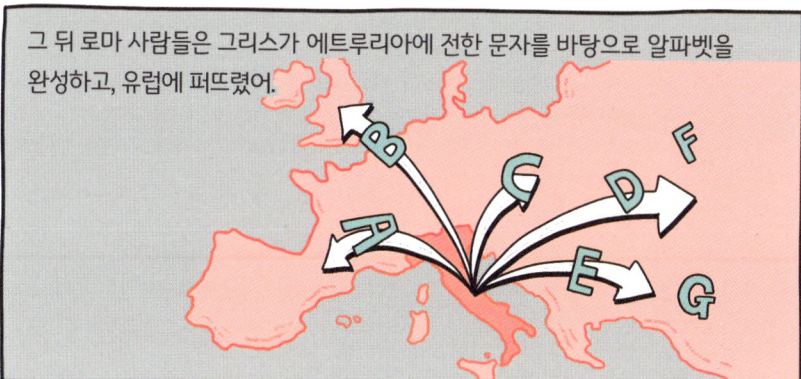

중국의 한자는 지금도 쓰는 가장 오래된 문자야. 3000년이 넘도록 계속 쓰고 있지.

한글은 누가 언제 어떻게 만들었는지를 알 수 있는 세계에서 유일한 문자야.

많은 사람이 문자를 배우고 책을 가질 수 있게 된 것은 구텐베르크의 인쇄술 덕분이야.

지금 우리는 다양한 디지털 매체를 통해서 더 자주 문자를 만나고 있어.

문자는 지금껏 인류 역사와 함께 발전해 왔어.
미래에는 또 어떤 놀라운 문자가 나타날까?

궁금증 상담소

Q 알파벳 Z는 왜 마지막에 있어?

A 알파벳 Z는 그리스 문자의 6번째 글자인 제타에서 왔어. Z를 발음하려면 치아가 보이는데, 로마인들은 그 모습이 죽은 사람의 얼굴을 생각나게 한다고 여겨서 알파벳의 맨 뒤로 보냈다고 해.

Q 알파벳 소문자는 누가 만들었어?

A 알파벳에는 원래 대문자만 있었어. 소문자는 9세기에 생겼는데, 당시 유럽에서 가장 힘센 왕이었던 샤를마뉴(카롤루스) 대제가 대문자보다 크기도 작고 빠르게 쓸 수 있는 글자를 만들라고 했어. 이것이 알파벳 소문자야.

Q 세계에는 문자가 몇 개나 있어?

A 세계의 문자는 크게 보면 50여 개라고 해. 지금은 거의 사용되지 않는 문자, 여러 갈래로 갈라져 종류가 많아진 문자까지 포함하면 3천 개가 넘는다고 하는 학자들도 있어. 실제로 많은 사람이 쓰는 문자는 30개 정도라고 해.

Q 가장 배우기 어려운 문자는 뭐야?

A 나라마다, 문화권마다 다르기는 하지만 문화가 비슷하면 문자를 배우기가 좀 더 편해. 서양인들은 중국 문자인 한자나 일본 문자인 가나를 매우 어려워해. 우리나라 사람들은 아랍 문자를 가장 배우기 어려운 문자로 꼽아.

Q 점자는 누가 처음 만들었어?

A 점자는 시각 장애인을 위해 만든 특수 문자야. 볼록 튀어나온 점을 손가락 끝으로 만져서 읽지. 1829년 맹인 학교에 다니던 시각 장애인 루이 브라유가 처음 개발했는데, 6개의 점만으로 알파벳, 수학과 음악 기호 등을 기록할 수 있어.

Q 구텐베르크보다 먼저 금속 활자로 인쇄한 책이 있다고?

A 고려 시대인 1377년에 인쇄된 『직지심체요절』은 세계에서 가장 오래된 금속 활자 인쇄본이야. 유네스코 세계 문화유산으로 등재된 자랑스러운 우리의 문화유산이지. 구텐베르크가 인쇄한 성서보다 73년이나 앞섰어.

손바닥 교과 풀이

초등 3학년 1학기 국어(나)

7. 반갑다, 국어사전

- 국어사전을 활용하여 낱말의 뜻을 알고 글을 읽을 수 있다.
- 국어사전을 통해 낱말의 기본형을 알 수 있다.

 주시경을 비롯한 국어학자들은 한글의 맞춤법을 정리하고, 우리말 사전을 편찬하기 위해 노력했어.

초등 4학년 1학기 국어(나)

9. 자랑스러운 한글

- 한자를 몰라 안내문이나 책을 읽지 못해 억울한 일을 당한 사람이 많았다.
- 세종 대왕이 과학적인 원리를 담은 한글을 창제했다.

 세종 대왕은 모든 사람이 쉽고 빠르게 배울 수 있는, 우리말에 꼭 맞는 한글을 창제했어.

초등 3학년 1학기 사회

3. 교통과 통신 수단의 변화

● 통신 수단의 발달과 생활 모습의 변화

- 통신 수단은 사람들이 서로 소식이나 정보를 주고받을 때 이용하는 방법이나 도구이다.
- 오늘날에는 과학 기술의 발달로 휴대 전화, 텔레비전, 컴퓨터 같은 통신 수단이 생겨났다.

컴퓨터 같은 통신 수단의 발달은 문자를 저장하는 디지털 매체의 발전을 가져왔어.

초등 5학년 2학기 사회

1. 옛사람들의 삶과 문화

● 고려 문화의 우수성

- 고려 시대에는 금속 활자를 이용한 인쇄술이 발달했다.
- 『직지심체요절』은 현재까지 남아 있는 세계에서 가장 오래된 금속 활자 인쇄본이다.

금속 활자를 이용한 구텐베르크의 인쇄술 덕분에 책을 대량으로 만들 수 있게 되었어.

생각의 탄생_⑤ 문자와 생활

1판 1쇄 발행 | 2023년 8월 21일
1판 3쇄 발행 | 2025년 9월 22일

펴낸이 | 김영곤
프로젝트3팀 팀장 | 이장건 **책임개발** | 김혜지 **외주편집** | 이정희
영업마케팅팀 | 정지은 한충희 남정한 장철용 강경남 황성진 김도연 이민재
디자인 | 여백커뮤니케이션 **제작** | 이영민 권경민

펴낸곳 | ㈜북이십일 아울북
출판등록 | 2000년 5월 6일 제406-2003-061호
주소 | (10881) 경기도 파주시 회동길 201 (문발동)
대표전화 | 031-955-2100 팩스 | 031-955-2177
홈페이지 | www.book21.com

┌─ 다양한 SNS 채널에서 ─┐
아울북과 을파소의 더 많은 이야기를 만나세요.

인스타그램 @owlbook21   페이스북 @owlbook21   네이버카페 owlbook21

ISBN | 979-11-7117-014-2
ISBN | 978-89-509-4065-2(세트)

ⓒ 유현주 · 남동완, 2023
이 책을 무단 복사복제·전재하는 것은 저작권법에 저촉됩니다.

• 잘못 만들어진 책은 구입하신 서점에서 교환해 드립니다.
• 가격은 책 뒤표지에 있습니다.

⚠ 주의 1. 책 모서리가 날카로워 다칠 수 있으니 사람을 향해 던지거나 떨어뜨리지 마십시오.
     2. 보관 시 직사광선이나 습기 찬 곳을 피해 주십시오.

• 제조자명 : ㈜북이십일
• 주소 및 전화번호 : 경기도 파주시 회동길 201(문발동)/031-955-2100
• 제조연월 : 2025.09
• 제조국명 : 대한민국
• 사용연령 : 3세 이상 어린이 제품

• 일러두기 맞춤법과 띄어쓰기는 《표준국어대사전》을 기준으로 삼았고, 외국의 인명, 지명 등은
         국립국어원의 '외래어 표기법'을 따랐습니다.

세상에 없던, 세상을 변화시킨 인류의 생각과
문명 탄생의 순간들을 찾아 떠나는 지식 여행!

생각의 탄생

- 한국어린이출판협의회 **어린이 필독 도서**
- 학교도서관저널 **추천 도서**
- 한국출판문화진흥재단 **올해의 청소년 교양 추천 도서**

① 감염병과 백신　② 시간과 시계　③ 화폐와 경제
④ 지도와 탐험　⑤ 문자와 생활　⑥ 진화와 유전
⑦ 인공 지능과 미래　⑧ 스포츠와 올림픽
⑨ 에너지와 환경　⑩ 통신과 스마트폰

대한민국 최고의 교수진들이 들려주는
단 한 번의 특별한 교양 수업

서울대 교수와 함께하는 10대를 위한 교양 수업

① 법의학 이야기　② 한국 고대사 이야기
③ 빅데이터 이야기　④ 해양 과학 이야기
⑤ 헌법 이야기　⑥ 로마사 이야기
⑦ 과학기술학 이야기　⑧ 고생물학　⑨ 수의학